떡볶이 공부책

만들면서 배우는
떡볶이의 모든 것

떡볶이 공부책

정원 글 • 경혜원 그림

초록개구리

차례

엄마가 가장 좋아하는 음식은? ○ 6

1. 쫄깃쫄깃 떡 준비하기 ○ 14
떡볶이 떡은 어떻게 만들까요? • 16
떡은 밥보다 오래된 음식 • 17
다른 나라에도 떡을 이용한 음식이 있어요 • 18

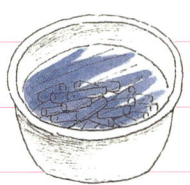

2. 뜨끈뜨끈 맛국물 준비하기 ○ 20
조선시대 궁중 요리, 떡볶이 • 24
고추장 떡볶이의 탄생 • 26
떡볶이의 인기 비결은 밀가루! • 27

3. 영양 만점 재료 준비하기 ○ 28
한 그릇에 영양이 듬뿍 • 32
행복한 닭, 건강한 달걀 • 33

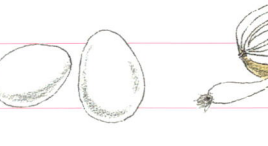  

4. 매콤달콤 양념장 만들기 ○ 34

짠맛과 감칠맛은 간장에게 맡겨요 • 37
떡볶이의 일등 공신, 고추장 • 38
참을 수 없는 맛, 단맛 • 39

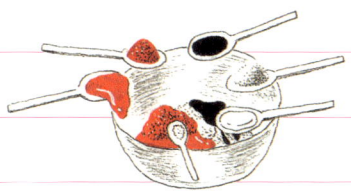

5. 맛국물에 재료 넣고 팔팔 끓이기 ○ 40

왜 사람들은 매운 걸 먹을까요? • 42
오감으로 먹는 떡볶이 • 43
떡볶이처럼 맛있는 세계의 대표 길거리 간식 • 44

떡볶이 완성! ○ 46

엄마표 떡볶이 만들기 ○ 52

작가의 말 ○ 54

엄마가 가장 좋아하는 음식은?

오늘은 학교에서 저마다 가장 좋아하는 음식이 무엇인가에 대해 이야기를 나누었어요.

나는 떡볶이를 좋아하고, 동생은 초콜릿이라면 뭐든 다 좋아하고, 사촌 오빠는 할머니가 만들어 주신 식혜를 가장 좋아해요. 우리 반 민기는 매운 음식을 못 먹어서 빨간색만 보아도 기겁을 하는데 맵지만 않으면 뭐든 다 잘 먹고, 정우는 엄마가 만날 볶음밥만 해 주어서 볶음밥을 가장 좋아할 수밖에 없대요.

선생님은 우리 엄마 아빠가 좋아하는 음식이 무엇이냐고도 물었어요. 그러자 내 짝꿍 장난꾸러기 시아가 "엄마 아빠도 좋아하는 음식이 있어요?" 하며 깔깔 웃는 거예요. 민기가 "말도 안 돼!" 하며 맞장구를 쳤어요.

그러자 만날 똑 부러지는 소윤이가 한마디 했어요.

"야, 너도 좋아하는 음식이 있는데 엄마 아빠라고 안 계시겠냐?"

소윤이는 높임말도 꼬박꼬박 잘 써요. 소윤이 말이 맞는 것 같았어요.

그런데 아무리 생각해 보아도 잘 떠오르지 않는 거예요. 고개를 갸웃갸웃하며 곰곰 머리를 긁적긁적해 보아도 전혀 모르겠어요. 다른 아이들도 다 마찬가지였어요.

그래서 선생님은 이런 숙제를 내 주셨어요.
'엄마 아빠가 좋아하는 음식 한 가지씩 써 오기!'

나는 수업이 끝나자마자 친구들과 집으로 달렸어요. 숙제 때문이 아니라, 이모에게 선물받은 인라인 스케이트를 보여 주기로 했거든요. 현관 문을 열고 집으로 뛰어 들어가는데, 엄마가 화들짝 놀랐어요.

"전화도 없이 무슨 일이야? 셋이 다 같이!"

이 시간에 전화도 없이 내가 친구들과 집에 나타난 건 처음이라서 그랬을 거예요. 마음이 급해서 전화 같은 건 전혀 생각도 못 했어요. 그런 날도 있는 거지요.

그런데 나는 더 깜짝 놀랐어요. 집 안이 온통 붉은색 투성이였거든요. 식탁 위에는 빨간 고춧가루, 빨간 고추장, 빨갛게 익은 고추가 있었어요.

"엄마! 고추로 뭐 해요?"

"떡볶이 만들려고 하지."

"떡볶이 만드는데 고추가 왜 필요해요?"

매운 것도 잘 못 먹고 입도 짧은 정우가 엄마한테 물었어요. 그러자 옆에서 듣고 있던 소윤이가 잘난 척 아래턱을 살짝 치켜들며 말했어요.

"엄마들이 우리 매울까 봐 고추를 안 넣는 거지, 떡볶이에는 원래 고추가 들어가는 거야. 몰랐어? 고추장, 고춧가루, 그냥 고추, 다!"

우리는 식탁 앞에 나란히 앉았어요.

"너희는 못 먹을 텐데."

엄마가 궁금해하는 우리를 보며 약 올리듯 말했어요. 나는 괜히 오기가 생겼어요.

"엄마가 몰랐겠지만, 난 학교에선 매운 거 잘 먹어."

"맞아요. 준희 엄청 잘 먹어요, 매운 거."

소윤이도 정우도 맞장구를 쳐 주었어요. 왠지 어깨가 으쓱해졌어요. 사실 내가 먹을 줄 아는 건 좀 빨갛기는 해도 매운맛은 덜한 깍두기 정도인데 말이에요. 아, 김치를 푹 끓인 김치찌개도 좀 먹기는 해요. 하지만 사실 이렇게 새빨간 고추와 고춧가루를 듬뿍 넣은 떡볶이는 절대로 먹어 본 적도 없고 자신도 없어요. 그런데 그렇게 말하기에는 왠지 늦은 것 같았어요.

"아줌마가 드시는 건데, 설마 죽기야 하겠어요?"

소윤이 말이 맞겠지요? 사람이 먹는 거니까 괜찮을 거예요. 엄마의 야릇한 미소가 마음에 조금 걸리기는 했어요. 하지만 우리 엄마잖아요. 나는 엄마를 믿어 보기로 했어요. 그런데 냄새가 점점 매워지더니, 조금 있으니 재채기가 났어요.

"우리 딸, 매워서 재채기 하나?"

"아니요! 코가 간지러워서 그래요!"

나는 코끝을 부비면서 대꾸했어요.

"그런데 아줌마! 갑자기 웬 떡볶이예요?"

정우가 물었어요.

그러자 엄마는 문득 생각이 났다고 했어요. 배고픈 것도 아니고, 막 먹고 싶은 것도 아니고, '문득' 어떤 음식이 생각난다는 건 어떤 걸까요? 우리가 어리둥절해하며 엄마 얼굴을 빤히 바라

보자 엄마는 고등학교 시절 이야기를 꺼내었어요.

엄마가 교복을 입고 학교에 다니던 때에는 학교에서 밤 10시까지 공부를 해야 했대요. 날마다 그러다 보니 괜히 배가 고픈 것 같고 입이 궁금하고는 했는데, 그때 먹으면 가장 맛있었던 게 떡볶이였대요. 그래서 엄마는 지금도 떡볶이를 보면 그때가 떠오른다고 해요. 해 질 무렵 친구들과 삼삼오오 손잡고 가서 먹던 떡볶이 맛은 그야말로 꿀맛이었다고 해요.

"꼭 배가 고파서 먹는 건 아니었어. 친구들이랑 교문 밖으로 뛰어나가 사 먹는 떡볶이 맛이 그저 좋았지."

아마 내가 정우랑 소윤이랑 학교 앞에서 떡꼬치를 먹는 게 꼭 배고프기 때문만은 아닌 거랑 같은가 봐요. 조금은 이해할 수 있을 것 같아요.

우리는 엄마가 준비해 둔 재료로 같이 빨간 떡볶이를 만들어 보기로 했어요. 사실 나는 요리라면 자신 있어요. 서당 개 삼 년이면 풍월을 읊는다잖아요. 벌써 엄마 아빠 딸로 십 년이에요. 엄마가 잘 만드는 오이소박이, 아빠가 잘 만드는 카레 정도는 나도 할 수 있어요. 물론 달걀 프라이, 비빔밥 같은 건 더 잘 하고요.

이제, 빨간 떡볶이를 만들어 볼까요?

1. 쫄깃쫄깃 떡 준비하기

떡볶이를 만들려면 우선 맛 좋은 떡이 있어야 해요. 엄마는 뭐든 재료가 좋아야 하는 법이라고 늘 말하거든요.

엄마가 떡을 냉동실에서 꺼냈어요. 지난 설에 할머니가 주신 거예요. 친구들 할머니는 떡국 끓이는 떡만 만들어 주신다는데, 우리 할머니는 늘 할머니가 생각하기에 최고인 쌀로 떡볶이 떡도 만들어 주세요. 엄마가 떡볶이를 좋아하니까요.

"엄마! 할머니한테 떡 더 많이 달라고 해요! 냉동실에 얼려 두면 되니까요."

하지만 엄마는 고개를 저었어요.

"냉동실은 슈퍼마켓이 아니야. 꼭 필요한 것들을 적당히 냉동해 두면서 알뜰하게 사용해야 해."

엄마는 이따금 이렇게 어려운 말을 늘어놓아요. 꼭 필요하다는 건 뭘까요? 또 적당히는 얼마만큼을 말하는 거죠?

떡을 꺼냈으면 잘 씻은 다음 10분 정도 물에 담가 두어요. 꽁꽁 언 떡이 물에서 조금 녹았다 싶으면 체에 받쳐 두고요. 엄마는 떡을 넣어야 할 때 씻는 게 아니라, 먼저 씻어서 준비해 두는 거라고 했어요. 그래야 물기도 빠지고 차근차근 맛있게 음식을 만들 수 있대요.

물기를 빼는 데도 이유가 있대요. 맛국물이 끓을 때 떡을 넣을 건데, 그때 물기가 많으면 온도가 갑자기 확 떨어져 음식이 맛있게 조리되지 않는대요. 늘 바쁜 엄마는 서둘러서 밥을 차려 주기 때문에 대충대충 하는 줄 알았는데, 다 차례가 있고 이유가 있었다니……. 친구들 앞에서 조근조근 친절하게 설명해 주는 엄마가 한결 멋있게 느껴졌어요.

recipe tip

— 떡을 준비하는 법 —

1. 떡을 씻는다.

2. 10분 정도 물에 담가 둔다.

3. 떡을 건져서 체에 받쳐 둔다.

떡볶이 이야기

떡볶이 떡은 어떻게 만들까요?

'떡볶이' 하면 새빨간 빛깔의 매콤달콤한 고추장 맛을 떠올리지만, 그래도 떡볶이의 주인공은 역시 떡이에요. 떡은 우리가 주변에서 쉽게 볼 수 있는 음식이지만, 떡이 만들어지기까지 오랜 시간 결코 만만치 않은 노력이 필요합니다.

가을날 너른 들 옆을 지나다가 벼 이삭을 본 적 있나요? 벼에서 껍질을 벗겨 낸 알맹이가 쌀이라는 것쯤은 알고 있지요? 농부가 봄여름 정성껏 돌보면 가을에 낟알이 꽉 찬 벼를 거둬들일 수 있어요. 옛날에는 '족타기'나 '그네' 같은 도구를 이용하여 벼 이삭에서 직접 낟알을 떨어냈어요. 지금은 자동탈곡기에 이삭을 넣어 낟알을 훑어 내요.

쌀을 떡으로 만드는 일은 집에서도 할 수 있지만 번거롭기 때문에 주로 방앗간에서 해요. 쌀을 잘 갈아서 고운 가루로 만들고, 그 가루를 쪄서 쫀득한 가래떡으로 만들어요. 떡볶이 떡은 보통 가래떡보다 가늘고 짧아요.

> 낟알은 그대로 먹기에는 꽤 거칠기 때문에 껍질을 벗겨 내고 먹어요.

떡이 만들어지기까지

1. 벼 베기

2. 낟알 훑어 내기

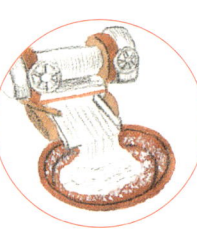
3. 쌀가루 만들기

4. 떡볶이 떡 모양으로 뽑기

떡은 밥보다 오래된 음식

떡이란 곡식을 가루 내어 찌거나 삶거나 기름으로 지져서 만든 음식을 통틀어 이르는 말이에요. 떡은 재료와 조리법에 따라 그 종류가 아주 다양해요. 우리나라에서는 떡이 생겨난 때를 따라가다 보면 수천 년 전으로 거슬러 오를 정도로 역사가 오래되었어요. 떡을 만드는 시루가 밥을 짓는 솥보다 앞서 발견된 것으로 보아 떡을 밥보다 먼저 먹었을 것이라고 해요.

조선시대에 농업 기술과 음식 조리 기술이 발달하면서 떡 만들 때 쓰는 곡식의 종류나 부재료로 쓰는 소와 고물의 재료가 다양해졌어요. 게다가 여러 행사에 떡이 꼭 필요한 음식으로 자리 잡으면서 모양도 화려해지고 맛도 훨씬 다양해졌어요.

오늘날에는 음식의 종류도 많아지고 세계 곳곳의 음식을 쉽게 맛볼 수 있어 떡의 인기가 시들해지고 있어요. 하지만 여전히 떡은 설날 차례상에, 돌잔치 상에, 할머니 할아버지 생신상에 특별한 의미를 가지고 올리는 음식이에요. 이사한 뒤 이웃에 인사를 할 때도, 새로 가게나 회사를 차려 개업식을 할 때도 떡을 돌리며 기쁨을 나누고 앞날이 잘 되기를 빌어요.

<이상적인 사대부의 삶(평생도)> 중 일부
조선시대 돌잔치 풍경. 첫 생일을 맞은 아기가 돌상 앞에 앉아 있어요. 상 위에는 돌잡이를 위해 실, 활, 국수, 곡식, 책 따위를 올리며, 그 외에도 백설기, 수수팥떡, 오방색 송편 등 떡도 올려요.

다른 나라에도
떡을 이용한 음식이 있어요

떡의 주된 재료는 쌀이에요. 그래서 떡으로 만드는 음식은 주로 쌀이 많이 나는 아시아 지역에서 발달했어요. 나라마다 옛날부터 떡을 만들고 먹어 온 방식이 달라요. 세계 여러 나라에서 떡을 이용해 만든 음식들을 찾아볼 수 있어요.

베트남의 반베오
지역마다 만드는 방식이 다른데, 가장 많이 알려진 것은 종지에 쌀가루를 찌고 그 위에 새우나 돼지고기 같은 고명을 얹은 요리예요. 곱게 간 쌀을 충분히 불렸다가 만드는데, 우리나라 떡과는 씹히는 느낌이 조금 달라요. 올리는 고명의 종류에 따라 여러 가지 맛을 즐길 수 있고, 소스를 곁들여 먹어요.

타이의 카놈 끌루어이, 카놈 팍통
쌀가루를 떡보다 훨씬 질게 반죽한 다음 그 안을 바나나, 호박, 코코넛 등으로 채워 바나나잎으로 겉을 감싼 음식이에요. 바나나로 속을 채운 것이 카놈 끌루어이, 호박으로 채운 것이 카놈 팍통이에요.

중국의 녠가오
중국 남부 지역의 전통 설떡으로 음력 1월 1일에 먹어요. 새해에 복을 비는 말과 발음이 비슷해서 이 떡을 먹는 거라고 해요. 떡을 쪄 식힌 다음 기름을 둘러 구워 먹어요.

일본의 오조니
우리나라에서 새해에 떡국을 먹어야 한 살을 더 먹는다고 여기는 것처럼 일본에서는 오조니를 먹어야 한 살을 더 먹는다고 생각해요. 우리나라 떡국과 비슷한 음식으로, 맑은 장국이나 된장국에 떡을 넣어 먹는 음식이에요.

2. 뜨끈뜨끈 맛국물 준비하기

　떡을 준비했으니, 이제 맛국물을 만들어요. 맛국물은 떡볶이를 만들 때 넣을 물인데, 보통 커다란 냄비에 물을 받아 다시마, 멸치, 무, 양파 등을 넣고 끓여요. 그런데 오늘은 우리 집 냉장고에 무는 없고 양파는 좀 부족한데다 정우가 멸치를 좋아하지 않는다고 해서 다시마만 넣었어요. 다시마로만 국물을 내어도 충분히 맛이 나기 때문에 멸치나 양파, 무는 빼도 된대요.

　"엄마, 이게 바로 육수죠? 이 정도는 다 알아요."

　"하하, 우리 딸 정말 많이 알고 있네. 육수는 고기를 삶으면서 우려낸 걸 말해. 채소를 우려낸 물을 채수라고 하는 요리사들도 있어. 고기든 채소든 오래 우려서 맛을 낸 물은 맛국물이라고 하고."

　우리가 국물에 대해 이런저런 이야기를 하는 사이 다시마를 넣은 물이 보글보글 끓기 시작했어요. 그러자 엄마는 놓치면 안

된다는 듯이 후다닥 가스레인지 앞으로 가서 다시마를 건져 냈어요.

"다시마가 끓으면 알긴산이라는 성분이 나오거든. 몸에는 좋지만 국물이 텁텁해져서 건져 내는 게 좋아. 다시마를 오래 끓이면 음식이 빨리 쉬기도 하고."

엄마는 음식을 할 때 다시마, 멸치, 대파, 조개, 버섯, 양파, 당근 등을 넣고 국물을 내요. 그런데 그때마다 다시마는 후다닥 건지면서 나머지 재료는 불을 줄이고 푸욱 오래 끓이는 거예요. 이따금 왜 그러는 걸까 궁금했는데 오늘에야 알았어요.

뭉근히 끓고 있는 맛국물을 바라보던 정우가 갑자기 좋은 생각이 떠올랐다는 듯 무릎을 탁 치더니 이를 드러내며 웃었어요.

recipe tip
— 맛국물 내는 법 —

1. 냄비에 물을 담고 다시마를 넣는다.

2. 팔팔 끓으면 다시마를 건져 내고 불을 줄인 채 10분 정도 더 끓인다.

"이 국물에 그대로 떡을 넣고 끓이면 되겠네요! 그러면 하나도 안 매운 떡볶이가 될 텐데, 왜 자꾸 고춧가루를 넣으려고 하세요?"

'아, 정우 천재. 정우 만세!'

나는 속으로 환호성을 질렀어요. 매운 떡볶이를 아무렇지도 않은 듯 먹어야 하는 위기에서 정우가 나를 구해 주려고 했던 순간이었지요. 하지만 그건 정말 잠깐이었어요. 엄마는 힘도 세고 고집도 세다는 걸 내가 깜박했지 뭐예요.

"정우야, 그럴 수도 있겠구나. 하지만 오늘의 주제는 빨갛고 매콤한 떡볶이예요. 너희가 오기 전에 이 아줌마가 나 자신을 위해 만들려던 요리라고요."

정우가 포기하지 않고 또 한 마디 대꾸했어요.

"우리 집에서는 이런 거 안 먹는데……. 이건 정말 떡볶이가 아니라고요. 쇠고기 넣고 하얗고 달달한 거, 그게 떡볶이죠!"

'정우 이겨라!'

나는 속으로 정우를 응원했어요. 하지만 다음 순간 누가 이기는지 따위에는 관심이 없어지고 말았어요. 엄마가 흥미진진한 이야기를 해 주었거든요.

"정우네 집에서는 주로 궁중 떡볶이를 먹는구나."

궁중 떡볶이요?

"네? 궁중 떡볶이오?"

"그래. 쇠고기를 간장에 재워서 여러 가지 재료를 한데 볶아 섞어 먹는 떡볶이인데, 조선시대 궁중에서만 먹던 거란다. 여기는 공주님도 왕자님도 없고 말썽꾸러기 수다쟁이 어린이만 셋이니 궁중 떡볶이는 안 어울리겠어요."

엄마는 기대에 차서 정우와 엄마 얼굴을 번갈아 보고 있던 나와 소윤이에게 승리의 브이자를 날리며 코를 찡긋했어요. 엄마가 코를 찡긋하고 웃는 건 정말 기분이 좋을 때 하는 거예요. 우리가 만날 하는 말장난을 이런 데 써먹다니 치사해요. 그렇지만 엄마가 진심으로 매콤한 떡볶이를 먹고 싶어 하는 것 같아 우리는 엄마를 봐 주기로 했어요.

조선시대 궁중 요리, 떡볶이

조선시대에도 떡볶이가 있었습니다. 오늘날 우리가 알고 있는 궁중 떡볶이와 비슷합니다. 새빨간 빛깔에 입안을 화하게 만드는 매운 음식이 아니라, 쇠고기와 각종 채소에 간장 양념이 배도록 만든 달달한 음식이었어요. 왕가의 공주와 왕자, 양반가의 아이들만 먹을 수 있는 귀한 간식이었지요.

조선시대에도 요리책이 있었는데, 요리책마다 조금씩 다르게 오늘날 떡볶이와 비슷한 종류의 음식이 등장합니다. 옛날 책 속에서 떡볶이를 만나 볼까요?

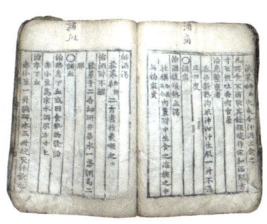

《식료찬요》 일부
1460년에 발간된 책으로, 조선시대 왕가와 양반가의 음식으로 떡볶이가 등장하는데, 그때는 떡볶이가 아니라 '병자(구운 떡)'라는 이름으로 불렸어요. 물론 고추장이 아닌 간장으로 양념한 요리였고요.

《주식시의》 표지
1860년에 쓰인 것으로 '복기'라는 음식이 등장해요. "떡을 닷 푼 길이씩 잘라 네 쪽씩 내어 솥이나 통노구에 달구다가 기름을 많이 두르고 쇠고기를 가늘게 썬 것과 함께 넣어 볶는다."라고 만드는 법을 설명하고 있어요.

《규곤요람》 일부
1896년에 나온 책으로, 떡볶이 만드는 법이 자세히 나와 있어요. "잔치할 때와 술상 볼 때 쓰기 좋다. 전복과 해삼을 무르게 삶은 뒤 썰어서 냄비에 담고 가래떡을 한 치 길이로 썰어 놓는다. 떡의 길이와 너비와 두께는 작은 호미만큼씩 썰어야 좋다. 녹말과 후춧가루와 기름과 석이채 등을 장물을 풀어 넣은 냄비에 볶는다. 볶을 때 너무 되게 볶지 말고 자작자작하게 볶는다."

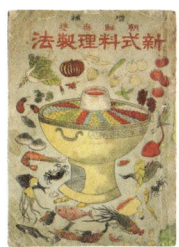

《조선무쌍 신식요리제법》 표지
1924년에 나온 조리법 책으로, 거의 300쪽이나 되는데 여러 차례 찍을 정도로 인기가 있었어요. 책 이름에 앞에 붙은 '무쌍(無雙)'은 '조선 요리 만드는 법으로 이만한 것은 둘도 없다'라는 뜻이에요. 이 책 속에 궁중 떡볶이를 만드는 법이 등장해요.

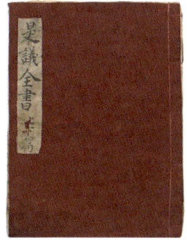

《시의전서》 필사본 표지
1800년대 말에 쓴 요리책인데, 당시 건어물과 채소류가 많이 등장하여 한국 요리의 귀중한 자료가 되지요. 떡볶이에 대해서는 "다른 찜과 같은 방법으로 조리한다. 흰떡을 탕무처럼 썰어 잠깐 볶는다. 다른 찜과 같은 재료가 모두 들어가지만 가루즙은 넣지 않는다."라고 조리법이 쓰여 있어요.

고추장 떡볶이의 탄생

고추장 떡볶이는 마복림 할머니가 처음 만들었다고 알려져 있어요. 1953년에 마복림 할머니가 서울 중구 신당동 길거리에서 팔던 것이 시작이었어요. 당시 실수로 가래떡을 짜장면 그릇에 떨어뜨렸는데, 그 떡을 먹어 보니 맛이 좋아서 고추장 떡볶이를 생각하게 된 것이래요. 처음에는 고추장과 춘장을 섞은 양념으로 만들었어요. 떡볶이에 처음으로 고추장을 넣어 변신시킨 거예요.

마복림 할머니의 떡볶이 가게가 잘 되자 가게들이 여기저기 생겨났어요. 곧 냄비에 양배추, 당근 등 갖은 재료와 고추장 양념을 담고 맛국물을 자작하게 부어서 먹는 즉석 떡볶이가 탄생했지요. 신당동 떡볶이는 방송에 소개되면서 더욱더 유명해졌어요. 오늘날엔 신당동 떡볶이 거리가 만들어져 관광객들이 찾기도 해요.

떡볶이의 인기 비결은 밀가루!

　떡볶이가 지금처럼 널리 알려지게 된 데는 고추장 양념 외에도 밀가루의 공이 큽니다. 고추장 떡볶이가 생겨난 때는 6·25 전쟁이 끝난 뒤예요. 전쟁으로 사람이 죽고 건물이 무너지고 식량도 귀하던 때지요.

　그 즈음 쌀이 부족해서 사람들이 제대로 먹지 못하자, 나라에서 쌀에 다른 곡식을 섞어 밥을 짓고, 밀가루로도 끼니가 될 만한 음식을 만들어 먹으라고 했어요. 그때에는 학교에 매일 도시락을 싸 들고 갔는데, 쌀밥인지 다른 곡식을 섞은 밥인지 확인하려고 선생님이 도시락 검사를 하기도 했어요. 쌀밥을 싸온 아이는 친구에게서 보리밥을 빌리는 웃지 못할 일도 있었지요.

　나라에서는 사람들이 밀로 만든 음식을 많이 먹게 하려고 '밀이 쌀보다 영양 성분이 훨씬 많다'고 했어요. 사실은 그렇지 않은데도요. 하지만 밀로 만든 음식은 값이 싸서 사람들이 점점 많이 찾게 됐어요. 오늘날 고추장으로 빨갛게 양념한 매콤달콤 떡볶이도 주로 밀가루로 만들었던 대중 간식이에요.

　전쟁 뒤에는 식량이 부족해지면서 새로운 먹을거리가 생겨나기도 해요. 오늘날 즐겨 먹는 라면도 전쟁 뒤에 생긴 거예요. 1950년대 제2차 세계대전에서 진 일본에서는 먹을 것이 부족해서 다른 나라에서 보내준 밀가루로 음식을 만들어 먹는 사람들이 많았어요. 어느 식품 회사에서 밀가루를 이용하여 2분 정도만 끓이면 한 끼를 해결할 수 있는 라면을 만들었고, 곧 사람들의 인기를 얻게 되었지요.

3. 영양 만점 재료 준비하기

 이제 떡볶이에 들어갈 여러 재료를 준비하는 시간, 그야말로 하이라이트 시간이에요. 왜냐고요? 내가 먹고 싶은 걸 다 넣을 수 있는 기회니까요!
 "얘들아, 떡볶이에 뭘 넣으면 좋을까? 넣고 싶은 거 한 가지씩 말해 볼까?"
 "아이스크림!"
 "사탕!"
 "젤리!"
 엄마는 기가 차다는 듯한 표정으로 우리를 바라보았어요.
 "좋아하는 걸 넣는 거라면 나는 커피 한 스푼 넣고 싶네."
 "웩!"
 우리는 동시에 소리를 꽥 질렀어요. 커피 맛을 본 적은 없지만, 그게 좀 쌉싸름하고 우리가 좋아할 수 없는 맛이라는 것 정도는 알아요.

우리는 장난을 멈추고 다시 진지하게 재료를 준비했어요. 양파와 양배추는 나무젓가락 두께로 썰고, 대파도 비슷한 두께로 어슷 썰었지요. 어묵도 삼각형 모양으로 썰어 두었어요. 그리고 깻잎은 돌돌 말아서 양파와 양배추의 절반 폭으로 채 썰었어요. 미리 준비해 둔 떡까지 한데 모으니, 재료 준비가 다 끝났어요.

그런데 옆에서 소윤이가 시무룩하게 말했어요.

"난 양배추 싫은데."

정우도 기다렸다는 듯 말했어요.

"난 어묵이 싫어."

나는 왠지 맞장구를 쳐야 할 것 같아 떡이 싫다고 말했어요. 그랬더니 소윤이와 정우가 떡볶이를 만드는데 떡이

싫으면 어떡하냐며 소리를 고래고래 질렀어요.

"양배추, 어묵 싫은 것도 모자라 떡까지? 그냥 밥이나 차려 먹어야겠는데?"

"으악, 안 돼요!"

소윤이랑 정우 말에 엄마가 기운 빠질까 봐 내가 좀 도와 준 건데, 엄마가 떡볶이 만들기를 관두겠다고 하니 아이들이 바짝 긴장했지 뭐예요. 오늘은 꼭 특별식을 먹을 거예요. 우리는 이것저것 싫다는 말은 그만하기로 했어요.

이제 달걀을 삶을 차례예요. 엄마 손 잡고 떡볶이 가게에 간 적이 몇 번 있어요. 사람들은 떡볶이 국물에 튀김도 넣어 먹고 순대도 넣어 먹는데, 엄마는 무엇보다도 삶은 달걀을 떡볶이 국

recipe tip
── 재료 준비하는 법 ──

1. 양파, 양배추, 대파를 나무젓가락 두께로 썬다.

2. 어묵은 먹기 좋은 크기로 썬다.

3. 깻잎은 돌돌 말아서 양파의 반 정도로 채 썬다.

4. 냄비에 물과 달걀을 넣고 8~12분 삶는다.

물에 넣어서 버무려 먹는 걸 좋아해요. 우리 셋도 삶은 달걀을 좋아해서 삶은 달걀을 많이 넣어서 먹기로 했어요. 그랬더니, 엄마가 달걀을 여덟 개나 준비했어요. 다 먹을 수 있겠지요?

달걀 삶기는 전혀 어렵지 않아요. 아, 달걀은 냉장고에서 미리 꺼내 놓는 거라고 했어요. 그렇지 않으면 달걀과 끓는 물의 온도 차이 때문에 달걀 껍데기가 쉽게 깨질 수 있대요. 그러면 갈라진 틈으로 달걀이 새어 나와 보기에 좋지 않아요. 게다가 달걀이 익기 전에 깨지면 껍데기에 붙어 있는 더러운 것들이 달걀 속으로 들어갈 수 있어요.

냄비에 달걀을 담고 달걀이 모두 잠길 정도로 물을 부어요. 8분에서 12분 정도 삶으면 끝! 완전히 익은 걸 완숙, 반 정도 익은 걸 반숙이라고 하는데, 나는 아빠를 닮아 완숙을 좋아하고, 정우도 완숙, 소윤이는 반숙을 좋아해요. 그래서 우리는 한 냄비에서 완숙과 반숙을 한꺼번에 하기로 했어요. 반숙이 되었다 싶을 때 먼저 몇 알을 꺼내고 나머지는 계속 더 익히면 돼요.

"정말 좋은 생각이야!"

엄마는 달걀 프라이를 할 때도 늘 엄마가 좋아하는 '대강 익은 것'과 아빠와 내가 좋아하는 '완전히 익은 것'을 따로 만들어요. 우리가 각자 좋아하는 방식대로 달걀을 삶겠다고 하니 엄마도 아주 즐거워했어요.

한 그릇에 영양이 듬뿍

떡볶이는 학교 앞 작은 가게, 포장마차에서 사 먹는 간편한 음식이지만, 제대로 만들면 한 그릇에 균형 잡힌 영양이 가득한 요리예요. 길거리에서 쉽게 사 먹을 수 있는 군것질거리라는 이유로 떡볶이를 정크푸드로 오해하는 경우가 종종 있어요. 정크푸드는 열량은 높고 영양가는 낮은 음식을 말해요.

하지만 떡볶이는 갖가지 채소와 고기, 면을 한데 모아 비빔밥처럼 먹을 수 있어서 얼마든지 영양을 듬뿍 담을 수 있는 음식입니다. 몸에 좋지 않은, 단맛을 내는 감미료만 주의한다면 한 끼 식사로 부족함이 없습니다. 떡볶이 재료에 어떤 영양소가 들어 있는지 한번 알아볼까요?

아래에 소개한 재료 외에도 여러 가지 채소나 고기를 선택해 특별한 떡볶이를 만든다면 영양도 맛도 더욱 풍부해질 거예요.

쌀
탄수화물이 대부분이고, 그다음이 단백질이에요. 비타민 B·비타민 E·식이섬유·인·마그네슘·칼슘도 조금 들어 있고요. 쌀을 먹으면 성인병을 막을 수 있어요.

고추장
탄수화물을 비롯해 콩에서 만들어진 단백질, 고추에서 온 비타민 A와 비타민 B, 고추장이 발효되면서 만들어진 유산균이 들어 있어요. 매운 맛을 내는 캡사이신은 비만을 막아 주어요.

양배추
갖가지 비타민이 풍부하고 식물성 섬유질이 많이 들어 있어서 변비로 고생할 때 양배추를 먹으면 좋아져요. 영양소를 온전히 섭취하려면, 날것으로 먹는 것이 좋아요.

달걀

병아리를 만드는 데 필요한 모든 영양소를 담고 있어서 영양이 풍부한 음식 가운데 하나로 꼽혀요. 흰자가 짙고 넓으며 노른자가 탄탄하면서 퍼지지 않아야 좋은 달걀이에요.

양파, 파, 마늘

양파에는 비타민과 무기질이 풍부하게 들어 있어요. 파 역시 비타민이 듬뿍 들어 있는데, 그래서 옛날에 약으로 쓰기도 했어요. 마늘은 세계 10대 건강 식품으로 꼽힐 만큼 영양이 풍부해요.

설탕, 소금

우리 몸에 꼭 필요한 조미료예요. 설탕은 사탕수수나 사탕무로 만들어요. 소금은 쓴맛을 없애면서 음식 향을 살려 주고 씹히는 맛을 좋게 해요. 음식을 보존하는 데도 꼭 필요하지요.

행복한 닭, 건강한 달걀

준희와 엄마는 장을 볼 때 늘 방사 유정란을 삽니다. '방사'란 닭을 닭장에 가두지 않고 자유롭게 자라게 하는 걸 말해요. '유정란'이란 암탉과 수탉이 짝짓기해서 낳은 달걀을 말합니다. 암탉과 수탉이 놀면서 함께 자라려면 닭장은 비좁기 때문에 더 넓고 자유로운 공간이 필요해요. 넓은 공간에서 스트레스 받지 않고 즐겁게 사는 닭들이 낳은 달걀이 맛도 영양도 좋습니다.

 **4. 매콤달콤 양념장 만들기**

흐흑, 이제 양념장이에요. 빨간 양념장을 만들어야 하는데, 어떡하죠? 학교에서 매운 거 잘 먹는다고 큰소리 땅땅 쳤으니, 더 이상 피할 수 없어요. 나는 오늘 고추장, 고춧가루, 빨간 고추, 아무것도 무서운 게 없는 어린이예요. 아, 그런 척만 한다는 거지, 정말로 안 무서운 건 아니에요.

엄마가 드디어 고춧가루가 담긴 유리병을 열었어요. 뚜껑을 돌리는데, 그 소리가 마치 애니메이션의 무서운 장면에 등장하는 효과음처럼 들리지 뭐예요. 끼이이익. 끄으을. 끼힉. 아, 저 뚜껑이 열리는 순간 내가 여기에서 팡 사라지는 마법에 걸린다면 얼마나 좋을까요. 하지만 그런 일은 일어나지 않았어요. 엄마는 엄마 아빠가 쓰는 큰 숟가락으로 고춧가루를 떴어요. 한 숟가락, 두 숟가락, 으으으으, 세 숟가락, 으아아하악, 네 숟가락! 나는 나도 모르게 외쳤어요.

"엄마! 고춧가루 너무 많이 넣은 거 아니에요?"

"엄마가 생각하는 떡볶이에는 이 정도 들어가야 해. 안 그러면 떡볶이가 아니지."

아, 내 생각은 달라요. 떡볶이도 변신을 할 자격이 있다고요. 빨간 고춧가루가 그렇게나 많이 들어가야 한다는 건 어른들의 편견이에요.

내 마음을 읽었다는 듯이 소윤이가 나서서 말했어요.

"아줌마, 어딘가에서 본 적이 있는데요, 짜장 떡볶이도 있고, 카레 떡볶이도 있대요. 거기에는 고춧가루가 그렇게 많이 안 들어갈걸요?"

"그럼, 그건 너희가 만들어서 먹으려무나. 이건 어디까지나 나를 위한 떡볶이예요."

recipe tip

— 양념장 만드는 법 —

그릇에 고추장 4큰술, 고운 고춧가루 4큰술, 양조간장 2큰술, 설탕 2큰술, 올리고당 2큰술, 다진 마늘 2작은술을 넣고 섞는다.

엄마한테 그런 말이 통할 리 없지요. 엄마의 손이 유유히 고추장 병으로 이동했어요. 한 번, 두 번, 세 번, 으으으으흐, 네 번.

"케첩이면 좋겠다. 그럼 막 퍼 먹을 수 있는데!"

정우가 낭랑하게 말했어요.

정우 말에 엄마는 한바탕 웃더니, 고추장이 묻어 있는 숟가락을 입에 살짝 대며 맛있다는 표정을 지어 보였어요. 하하악! 우리가 매운 고추를 통으로 먹는 듯 온몸이 저릿해 왔어요. 물론 한 번도 매운 고추를 베어 문 적은 없지만요.

엄마는 다음으로 다진 마늘과 간장도 넣었어요. 그리고 올리고당을 두 큰술 넣고 설탕을 또 두 큰술 넣었는데, 그때는 우리 얼굴을 보며 씽긋 웃으며 말했어요.

"너희가 좋아하는 맛! 단맛! 떡볶이에서 절대 빠뜨릴 수 없는 맛이지."

하지만 엄마가 말하는 단맛 따위는 전혀 귀에 들어오지 않았어요. 우리들 머릿속에는 매운맛밖에 없었어요. 매운맛을 어떻게 이겨낼지, 혹시 너무 매워서 입 안에서 불이 난다면 그건 어떻게 꺼야 할지 오로지 그 생각뿐이었어요.

짠맛과 감칠맛은 간장에게 맡겨요

간장은 음식에 짠맛과 감칠맛을 내는 조미료입니다. 간장에는 여러 종류가 있습니다. 조선간장, 재래간장, 국간장은 같은 말인데, 국이나 찌개에 간을 합니다. 양조간장, 진간장, 혼합간장도 같은 말이에요. 이 간장은 조림이나 볶음 같은 음식을 만들 때 사용합니다. 떡볶이를 만들 때 쓰는 간장은 양조간장입니다.

간장은 된장을 만드는 과정에서 생깁니다. 간장의 원료는 콩인데, 요즘에는 간장에 화학 성분으로 간장 냄새만 나게 만들기도 합니다. 이런 것들을 먹으면 몸에 해롭겠지요? 그래서 준희와 엄마는 장을 볼 때 꼭 식품 성분 표시를 확인합니다. 이러한 습관은 건강을 위해서 꼭 필요합니다. 아이스크림이나 음료수, 과자를 살 때도 꼭 성분 표시를 확인하세요.

간장이 만들어지기까지

1. 콩 삶기

2. 메주 만들기

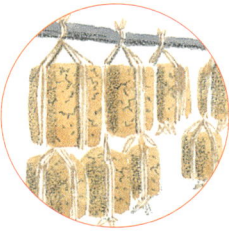
3. 메주 띄우기

장 가르기를 할 때 메주는 된장이 되고, 물은 간장이 돼요.

4. 항아리에 메주를 담고 소금물을 넣어 숙성시키기

5. 장 가르기

6. 1년 정도 발효시키기

떡볶이의 일등 공신, 고추장

떡볶이라는 단어의 맨 앞에는 떡하니 '떡'이 있지만, 떡볶이의 일등 공신은 고추장입니다. 고추장은 간장, 된장과 함께 우리 고유의 발효 식품으로 단맛, 감칠맛, 매운맛, 짠맛이 잘 어우러진 조미료입니다.

고추장은 대개 간장을 담그고 나서 더워지기 전인 3~4월에 담급니다. 찌개, 조림, 구이 등에 조미료로 쓰이고, 쌈장을 만드는 데도 쓰이며, 비빔밥이나 비빔국수의 양념장으로도 쓰입니다.

1590년대 이후 일본에서 고추가 들어오고, 1700년대 후반에 고추장이 만들어졌으니 우리나라 고추와 고추장의 역사도 그리 짧지는 않습니다. 그런데 떡 요리에 고추장을 섞을 생각은 한참 뒤에야 했다니 참 재미있지요?

고추장이 만들어지기까지

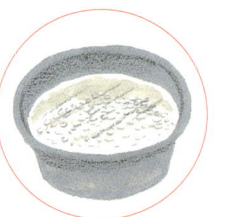
1. 찹쌀 불려서 가루 내기

2. 물에 엿기름 가루 넣고 가라앉히기

3. 엿기름 물에 찹쌀가루 넣기

4. 메줏가루와 고춧가루 넣고 섞기

5. 소금으로 간 하기

6. 햇볕 쬐며 숙성시키기

요즘은 가게에서 파는 조청, 메줏가루 등을 이용해 쉽게 고추장을 만들 수 있어요.

참을 수 없는 맛, 단맛

준희네 집 떡볶이 양념장에 설탕과 올리고당이 둘 다 들어갑니다. 왜 그럴까요? 설탕은 단맛과 색을 내기 위해 사용합니다. 올리고당은 설탕보다 열량이 적고 음식에 윤기가 흐르게 해 줍니다. 올리고당 대신 물엿을 쓰기도 하는데, 물엿을 넣으면 떡볶이가 끈적거리면서 씹히는 맛이 좋아집니다.

단맛은 어린이들은 물론 어른들도 참기 힘든 맛입니다. 도넛이나 아이스크림, 과자, 초콜릿, 케이크는 언제 먹어도 맛있습니다. 달콤한 음식을 먹으면 뇌에서 기분을 좋게 해 주는 호르몬이 나와 사람들은 잠시나마 기쁨을 느끼기도 합니다. 그래서 사람들이 우울하거나 몸이 힘들 때 단것을 즐겨 찾는 거예요.

설탕, 올리고당 같은 감미료에도 우리 몸에 필요한 영양소가 있기 때문에 그 자체가 나쁜 것은 아닙니다. 그런데 단맛에는 비밀이 숨어 있습니다. 아이스크림이나 과자 봉지의 식품 성분 표시를 보면 쉽게 발견할 수 있는 것이 바로 '액상과당'입니다. 액상과당은 옥수수 전분에 인위적으로 과당을 넣어 만든 물질이에요. 액상과당은 식욕을 억제하는 호르몬을 줄여서 뇌가 배부른 것을 못 느끼게 합니다. 자기도 모르는 사이에 많은 양을 먹어 비만이 될 수 있으니, 성분표를 꼼꼼히 확인해야 해요.

음료수 성분표
음료수뿐 아니라 많은 과자와 아이스크림에 액상과당이 들어 있어요.

> 떡볶이 만들기

5. 맛국물에 재료 넣고 팔팔 끓이기

이제 맛국물에 양념장을 넣을 차례예요. 엄마는 깊이 있는 팬에 맛국물을 부은 다음 아까 만들어 둔 양념장을 숟가락으로 풀었어요. 센 불로 끓이면 곧 팔팔 끓어 오르는데, 그때 떡을 넣고 약한 불로 줄여요. 그다음 양배추, 어묵, 양파를 넣고 다시 더 끓여요.

떡볶이가 보글보글 끓자, 엄마는 새빨간 고추와 새파란 고추를 도마 위에 놓고서는 어슷하게 썰었어요. 그 모습을 보고 있자니 머리카락이 쭈뼛해졌어요. 매운 건 정말 별로예요. 난 이미 고춧가루와 고추장만으로도 충분하거든요.

"매운 냄새다! 말도 안 돼! 매운맛은 본 적이 있지만, 매운 냄새는 태어나서 처음이에요!"

소윤이가 고추를 썰 때마다 스멀스멀 올라오는 매운 냄새를 두고 울상이 되었어요. 천하태평 정우는 엉뚱한 소리만 했어요.

"이거 정말 신화인가요?"

"신화가 아니라 실화겠지."

신경이 예민해진 소윤이가 쏘아붙였어요.

우리 얼굴이 하얗게 질려 있자, 엄마는 장난기 어린 웃음을 띠며 말했어요.

"청양 고추는 엄마가 먹을 떡볶이에만 넣을게."

엄마는 우리가 먹을 떡볶이에 삶은 달걀과 대파, 깻잎을 넣고 잠깐 끓인 뒤 불을 껐어요. 그제야 마음이 놓이면서 빨간 떡볶이라도 먹을 만하겠다는 생각이 들었어요. 안정감을 느낀다는 게 이런 걸까요? 마음이 차분해지자 궁금한 것도 생겼어요. 왜 사람들은 매운 걸 먹는 걸까요?

recipe tip

재료 넣고 끓이는 법

1. 맛국물에 양념장을 풀고 센 불에서 끓인다.

2. 끓어오르면, 떡볶이 떡을 넣고 약한 불로 줄인 뒤 15분 정도 끓인다.

3. 양배추, 어묵, 양파를 넣고 3분 정도 센 불에서 졸인다.

4. 삶은 달걀과 깻잎, 대파를 넣고 30초 정도 뒤섞은 뒤 불을 끈다.

왜 사람들은 매운 걸 먹을까요?

몇 살 때부터 매운 걸 먹을 수 있을까요? 그건 사람마다 다릅니다. 사실 매운 맛은 '맛'이 아니에요. 매운 걸 먹으면 혀가 얼얼해지는데, 그걸 쉽게 '매운맛'이라고 하는 거예요.

몹시 매운 음식을 먹으면 고통을 느끼기도 해요. 이때 뇌에서 고통을 줄이면서 기분을 좋게 만드는 '엔돌핀'이라는 호르몬이 나와요. 그래서 사람들은 피곤하거나 스트레스를 받을 때 매운 음식을 찾는 거예요. 기분이 나아지니까요.

매운 음식을 먹었는데 참기 힘들 때는 우유나 달걀 노른자, 박하사탕 같은 것을 먹으면 좋습니다.

오감으로 먹는 떡볶이

오늘날 떡볶이는 종류가 아주 다양합니다. 치즈 떡볶이, 가래떡 떡볶이, 해물 떡볶이, 라볶이, 크림 떡볶이, 카레 떡볶이, 짜장 떡볶이, 국물 떡볶이, 기름 떡볶이 등 셀 수 없이 많습니다. 소스나 들어가는 재료에 따라, 만드는 방식에 따라 다 다른 이름을 붙여요. 준희 엄마표 떡볶이는 다시마로 우린 맛국물에 양배추와 어묵, 삶은 달걀을 넣은 기본적인 고추장 떡볶이입니다.

된장크림소스 떡볶이

사람들마다 좋아하는 떡볶이가 다 다르고, 좋아하는 이유도 각양각색입니다. 고추장의 매콤달콤한 맛을 좋아하는 사람도 있고, 온갖 재료가 어우러진 향을 좋아하는 사람도 있고, 쫀득쫀득한 떡의 씹히는 맛을 좋아하는 사람도 있어요. 그런가 하면 새빨간 빛깔만 보아도 입맛이 돋는다는 사람도 있고, 누군가와 짜장 떡볶이를 먹을 때 들었던 음악이 떠올라서 짜장 떡볶이는 무조건 좋다는 사람도 있어요.

연어크림 떡볶이

곰곰이 생각해 보면 알 수 있어요. 우리가 음식을 먹을 때 맛으로만 먹는 게 아니라는 것을요. 미각, 후각, 촉각, 시각, 청각 등이 다 어우러져 뇌가 음식을 판단하는 거예요. 그래서 어떤 이들은 음식은 뇌로 먹는 거라고 하기도 합니다.

불고기 떡볶이

삼겹살 떡볶이

떡볶이 이야기

떡볶이처럼 맛있는
세계의 대표 길거리 간식

조선시대부터 계속된 우리의 떡볶이 사랑은 단순히 맛 때문만은 아니에요. 어떤 음식은 친구랑 더 다정해지려고 먹기도 해요. 우리가 거리에서 떡볶이를 먹는 것처럼 세계 곳곳의 아이들이 다양한 음식을 먹어요. 세계 여러 나라의 길거리 간식을 살펴볼까요?

프랑스 크레페
밀가루 반죽을 바닥이 비칠 정도로 얇게 구운 뒤 다양한 재료를 넣고 싸 먹는 음식. 프랑스 사람들은 밥 대신 먹기도 해요.

에스파냐 추로스
밀가루 반죽을 막대 모양으로 만들어 기름에 튀겨 낸 에스파냐 전통 요리로, 설탕을 뿌려 먹어요. 초콜릿을 찍어 먹기도 해요.

독일 커리부어스트
구운 소시지 위에 케첩과 커리 가루를 듬뿍 뿌려서 먹는 독일 국민 간식. 보통 감자튀김과 함께 먹어요.

벨기에 프리츠
감자튀김 위에 30여 가지 다양한 소스 가운데 원하는 것을 선택해 얹어 먹어요.

멕시코 타코
옥수수 가루로 만든 토르티야에 쇠고기, 돼지고기, 닭고기, 양배추, 토마토, 양파, 튀긴 콩 등을 넣어 만든 음식이에요.

필리핀 할로할로
우리나라의 팥빙수와 비슷한 모습인데, 필리핀에서 나는 다양한 과일과 아이스크림을 담아 만들어요.

중국 탕후루
중국 전통 간식거리로 명자나무, 산사나무 열매와 파인애플, 바나나, 키위 등을 꼬치에 꿰어 물엿에 묻힌 뒤 굳혀서 먹는 음식이에요.

일본 타코야키
밀가루 반죽 안에 잘게 다진 문어와 파를 넣어서 한입 크기의 공 모양으로 구운 뒤 소스를 뿌려서 먹는 음식이에요.

떡볶이 완성!

이제 떡볶이가 다 되었어요. 엄마는 떡볶이가 아주 훌륭한 음식이라고 했어요. 너른 세상 곳곳에서 온 멋진 음식이라고요. 떡의 재료인 벼는 드넓은 논에서 자라고, 설탕의 재료인 사탕수수는 넓은 들판에서 자라고, 고추장의 재료인 고추는 널따란 밭에서 자라니까요. 그러니까 떡볶이는 세상에서 가장 큰 음식이라고도 할 수 있어요.

꼬르륵! 떡볶이 냄새가 폴폴 올라오니 배에서 참말로 경쾌한 소리가 났어요.

"따뜻할 때 어서 맛있게 먹자."

엄마가 그러는데, 음식은 온도가 아주 중요하대요. 조리할 때도 중요하지만, 먹을 때 느끼는 온도도 중요하다고요. 어떤 음식은 따뜻할 때는 맛있게 느껴지지만, 차가울 때는 본래의 맛을 느낄 수 없으니까요.

엄마가 떡볶이를 담으려 찬장에서 예쁜 접시를 꺼냈어요. 정우는 배가 너무 고프다면서 포크로 팬에 있는 떡볶이를 콕 찍으려고 했어요. 그러자 엄마가 우리에게 팬째 먹는 건 예의가 아니라고 했어요. 각자 접시에 먹을 만큼 담아서 남김없이 먹는 거라고요.

"남김없이 먹을 수 없을걸요. 너무 매워서."

늘 속엣말을 있는 그대로 하는 정우가 먼저 말했어요.

"처음이 어렵지, 한번 먹어 보면 멈출 수 없을걸."

"말도 안 돼요. 하지만 엄마가 만들어 준 거니까 좀 먹어 볼게요."

내 대꾸에 소윤이와 정우가 키득키득 웃었어요.

우리는 드디어 포크를 들고 엄마를 위해 만든 떡볶이를 하나씩 입에 넣었어요.

"불난다, 불나!"

입속에서 나는 불을 감추지 못하고 먼저 호들갑을 떤 사람은 역시 정우였어요. 엄마는 정우 앞에 물이 담긴 대접을 놓아 주었어요. 정우는 그 물을 일단 벌컥벌컥 마시더니 빨간 떡을 물에 헹구어 먹었어요.

투명하던 물이 붉은빛으로 변하자, 나는 입안의 떡볶이가 더 매운 것처럼 느껴졌어요. 매운 느낌이 서서히 혀 뒤쪽으로 넘어가며 머리를 간질이기 시작하자 고민이 되었어요. 나도 물 담긴

대접이 필요하다고 말할까, 말까. 나는 일단 물 한 컵을 들이켰어요. 물에 씻긴 떡은 입속에서 다시 하얘졌을까요. 떡을 씹고, 씹고, 또 씹고. 그런데 놀랍게도 참을 수 있을 정도였어요. 먹을 만했다니까요.

"엄마, 제가 학교에서 매운 것 좀 먹는다고 했잖아요. 이제 믿으시겠죠?"

나는 떵떵거리며 말했지만, 속으로는 얼마나 안도했는지 몰라요. 정말로 먹을 수 없을지도 모른다고 생각했으니까요.

소윤이도 물에 씻지 않고 잘 먹었어요. 소윤이는 시뻘개진 얼굴을 하고는 아무 말도 하지 않고 떡볶이만 먹었어요. 마치 떡볶이와 누가 이기는지 겨루고 있는 것 같았어요. 하지만 정말로 맵지 않냐고 묻지는 않았어요. 소윤이는 자존심이 세니까요.

오늘은 정말 대단한 날이에요. 우리가 어쨌든 매운 떡볶이를 다 먹었잖아요. 맛있었어요. 맵기는 매운데 달콤하고 짭조름한 맛이 당겨서 물 한 모금 마시면 또 먹고 또 먹게 되었어요.

매운 걸 잘 먹을 수 있게 되면 엄마랑 같이 먹을 수 있는 음식이 많이 늘어나겠지요? 그럼 엄마가 상을 차릴 때 매운 것, 안 매운 것 따로따로 차리는 수고도 좀 덜하겠지요? 엄마와 나눌 수 있는 매콤하고도 달달한 이야기가 늘어나는 것은 말할 것도 없을 테고요.

설날에 떡국을 먹으면 나이를 한 살 먹잖아요. 나는 빨간 떡볶이를 한 접시 먹고 어제보다 훨씬 자란 것 같은 기분이 들었어요. 선생님이 내 주신 숙제도 완벽하게 한 것 같았고요.

엄마표 떡볶이 만들기

나는 엄마와 떡볶이를 만드는 동안 만드는 법을 공책에 잘 적어 두었어요. 엄마가 배고프거나 혹시 아파서 맛있는 음식을 먹고 싶어 할 때 해 주려고요. 엄마는 음식을 해 보는 건 아주 귀한 경험이라고 했어요. 어떤 재료를 담고 버무리냐는 우리가 각자 결정해야 하는 몫이라고도 했지요.

떡볶이를 만드는 방식은 다 달라요. 어떤 재료를 넣기도 하고, 빼기도 해요. 사람마다 음식에 어떤 재료가 들어가는 걸 좋아하기도 하고 싫어하기도 하니까요. 나는 사실 아직은 간장 떡볶이를 좋아하고, 엄마는 아주아주 매운 떡볶이에 쫄면과 치즈를 넣어 먹는 걸 좋아하고, 아빠는 떡볶이를 별로 좋아하지 않아요. 그리고 동생 완이는 아직 자기가 떡볶이를 좋아하는지 싫어하는지 잘 몰라요.

방학하는 날, 나는 '준희네 떡볶이 가게'를 열었어요. 물론 엄마의 도움이 있었지요. 엄마는 엄지손가락을 세우며 지금까지 먹어 본 떡볶이 중에 최고라고 했어요. 내 요리 솜씨가 좀 괜찮았나 봐요.

우리 집은 세상에서 가장 멋진 떡볶이 가게가 되었어요.

엄마표 떡볶이 만드는 법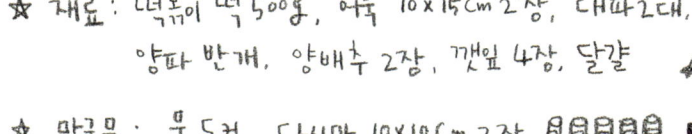

☆ 재료: 떡볶이 떡 500g, 어묵 10×15cm 2장, 대파 2대, 양파 반개, 양배추 2장, 깻잎 4장, 달걀

☆ 맛국물: 물 5컵, 다시마 10×10cm 2장

☆ 양념: 고추장 4큰술, 고운고춧가루 4큰술, 양조간장 2큰술, 설탕 2큰술, 올리고당 2큰술, 다진마늘 2작은술

☆ 만드는 법

— 떡을 씻은 다음 10분 정도 물에 담갔다가 건져 내요. _떡이 말랑말랑해져요._

— 냄비에 물을 붓고 다시마를 넣고 끓이다가 물이 끓어오르면 다시마를 건져 내요.

— 대파는 나무젓가락 두께로 어슷 썰고 양파와 양배추는 나무젓가락 두께로 채 썰어요. 깻잎은 돌돌 말아 양파 반 정도로 곱게 채 썰어요. 어묵은 먹기 좋은 크기로 (삼각형 모양이 나게) 썰어요.

— 달걀을 물에 넣고 8~12분 정도 삶아요. _나는 12분!_

— 양념 재료를 그릇에 넣고 골고루 섞어요.

— 깊이가 있는 팬에 맛국물과 양념장을 잘 풀어넣고 센 불에서 끓여요. 끓어오르면 떡을 넣어요. ☆중요

— 약한 불로 줄여 국물이 ⅓ 가량으로 줄어들 때까지 15분 정도 끓인 다음 양배추, 어묵, 양파를 넣고 3분간 센 불로 끓여요.

— 마지막으로 삶은 달걀과 깻잎, 대파를 넣고 30초 정도 뒤섞은 뒤 불을 꺼요.

완성!

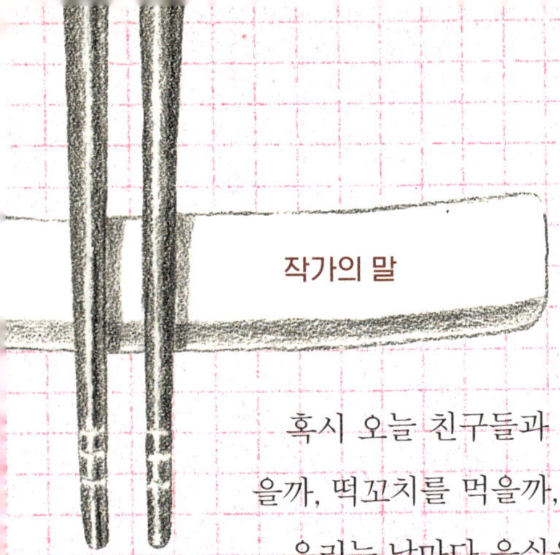

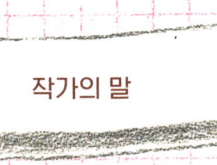

작가의 말

혹시 오늘 친구들과 함께 떡볶이 가게에 가지 않았나요? 떡볶이를 먹을까, 떡꼬치를 먹을까, 고민했을지도 모르겠어요.

우리는 날마다 음식을 먹습니다. 배가 고파서 먹기도 하고, 몸에 필요한 에너지를 얻기 위해 먹기도 하고, 맛있게 먹었던 기억이 떠올라 먹기도 합니다. 먹는 일에 너무 익숙해져서 먹거리가 우리 입으로 들어오기까지 어떤 과정을 거치는지 생각해 보기란 쉽지 않아요. 떡볶이처럼 주변에서 쉽게 볼 수 있는 간식은 더더욱 그렇지요. 다른 재료 없이 떡과 고추장만으로 쉽게 만들어 파는 떡볶이가 많은 탓에 '정크푸드'라고 불리기도 합니다. 하지만 제대로 만든다면 영양 가득한 간식이라는 것을, 떡볶이 한 그릇을 자세히 들여다보면 알 수 있어요.

떡볶이 한 그릇에 담긴 것이 그것뿐일까요? 떡볶이의 역사를 따라가다 보면 우리 문화도 알 수 있어요. 이를테면 떡볶이는 원래 조선시대

왕자나 공주가 먹던 귀한 간식이었다는 사실, 떡은 밥보다 오래된 음식이라는 사실이지요. 떡볶이에 대해 하나 둘 알게 되면 자연스레 궁금한 것들이 늘어 갑니다. 새로 생겨나는 궁금증을 차근차근 풀다 보면 떡볶이 한 그릇에 책 백 권의 이야기가 담겼다는 것을 깨닫게 될 거예요.

  음식을 만드는 것은 아주 값진 일입니다. 그리고 사랑하는 사람들과 따뜻한 한 끼를 먹는 것은 세상 어떤 일보다 소중한 일입니다. 여러분이 이 귀한 경험 속에서 음식 한 그릇의 소중함을 깨달았으면 하는 마음으로 이 책을 썼습니다.

  누군가를 위해 떡볶이를 만들고 식탁에 수저를 놓는 고사리 손을 상상하는 것만으로도 가슴이 두근두근합니다. 설거지를 돕고 싶은 마음에 개수대 앞에 의자를 놓고 올라가 커다란 고무장갑을 낀 채 낑낑거리던 딸아이의 뒷모습을 처음 보았던 날처럼요.

  부엌을 가만히 들여다보세요. 정성, 사랑, 고마움, 기대 같은 예쁜 마음이 찬장에, 식탁에 묻어 있습니다. 이런 마음을 발견하더라도 너무 아는 척은 말아 주세요. 언제 이렇게 자랐느냐고 부모님이 깜짝 놀랄지 모르니까요. 키만큼 쑥쑥 자라는 여러분의 마음을 천천히 꺼내 보여 주세요.

  작은 손으로 이 책을 펼쳐 주어서 고맙습니다.

- 정원

자료 저작권 목록

17쪽 국립중앙박물관

25쪽 〈식료찬요〉 중앙포토, 〈주식시의〉 대전시립박물관, 〈규곤요람〉 연세대학교 국학도서관
　　〈조선무쌍 신식요리제법〉 한국학중앙연구원, 〈시의전서〉 개인 소장

39쪽 초록개구리

놀라운 한 그릇 ❶
떡볶이 공부책

처음 펴낸 날 2019년 3월 29일 세번째 펴낸 날 2020년 12월 5일

글 정원 그림 경혜원
편집 오지명 디자인 효효스튜디오
펴낸이 이은수 펴낸곳 초록개구리 출판등록 2004년 11월 22일 (제300-2004-217호)
주소 서울시 종로구 비봉 2길 32, 3동 101호 전화 02-6385-9930 팩스 0303-3443-9930
페이스북 www.facebook.com/greenfrog.pub

ISBN 979-11-5782-075-7 74380 ISBN 979-11-5782-076-4(세트)

이 도서의 국립중앙도서관 출판시도서목록(CIP)은 서지정보유통지원시스템 홈페이지(http://seoji.nl.go.kr)와
국가자료공동목록시스템(http://www.nl.go.kr/kolisnet)에서 이용하실 수 있습니다. (CIP제어번호: CIP2019008302)